BEI GRIN MACHT SICH IHR WISSEN BEZAHLT

- Wir veröffentlichen Ihre Hausarbeit,
  Bachelor- und Masterarbeit

- Ihr eigenes eBook und Buch -
  weltweit in allen wichtigen Shops

- Verdienen Sie an jedem Verkauf

Jetzt bei www.GRIN.com hochladen und kostenlos publizieren

Hans-Jürgen Borchardt

Ausschreibungen von Massenanfragen gewinnen

Was man wissen muss

GRIN Verlag

Bibliografische Information der Deutschen Nationalbibliothek:

Die Deutsche Bibliothek verzeichnet diese Publikation in der Deutschen National-
bibliografie; detaillierte bibliografische Daten sind im Internet über http://dnb.d-
nb.de/ abrufbar.

Impressum:

Copyright © 2010 GRIN Verlag, Open Publishing GmbH
Druck und Bindung: Books on Demand GmbH, Norderstedt Germany
ISBN: 978-3-640-75658-2

Dieses Buch bei GRIN:

http://www.grin.com/de/e-book/162044/ausschreibungen-von-massenanfragen-
gewinnen

Ausschreibungen von Massenanfragen gewinnen

Viele Unternehmer reagieren auf Massenanfragen gar nicht oder mit Standardangeboten, weil sie sich keine Chance ausrechnen. Weil alle mehr oder weniger identisch reagieren, bieten derartige Anfragen eine gute Möglichkeit sich auszuzeichnen und den Auftrag zu gewinnen.

Unternehmen oder Personen, die Anfragen dutzendweise verschicken, wollen nicht billig, sondern so preiswert wie möglich einkaufen. Sie wollen keine minderwertige Qualität, keinen Pfusch, sondern trotz des günstigen Preises eine gute, reklamationsfreie Arbeit. Sie suchen das beste Preis-/Leistungsverhältnis.
Und genau hier liegt die Chance.

Professionelle Preisjäger wollen einerseits niedrige Preise aber andererseits auch Qualität. Sie wissen zwar, dass sich das oft ausschließt, glauben aber, dass sie ihr Ziel dennoch durch Kontrolle und Vorgaben erreichen können.

Betrachten Sie die Lage mal so:
Massenanfragen sind leicht zu erkennen. Sie sind meist ohne persönliche Anrede, enthalten neutrale Formulierungen und sind manchmal sogar nur fotokopiert mit eingesetzter Adresse. Damit ist klar, diese Anfrage haben X andere auch erhalten.

Da Ihre Wettbewerber diese Massenanfragen ebenso so erkennen wie Sie, werden sie versuchen, den Preis für ihre Leistung möglichst niedrig zu halten. Ferner geben sie sich im Normalfall wenig Mühe, das Angebot zu individualisieren, sondern beantworten die Massenanfrage mit einem Standardangebot.

Weil die meisten Wettbewerber bei diesen Anfragen für sich keine großen Chancen sehen, ist es relativ einfach, sich als Alternative zu präsentieren.

1. Es beginnt damit, dass Sie Ihr Angebot mit einem Begleitschreiben verschicken. In diesem Begleitschreiben sagen Sie, dass Sie wahrscheinlich nicht der Billigste sind, das aber auch auf keinen Fall sein wollen. Ihr Ziel ist es, der Preiswerteste zu sein. Für Sie ist es wichtig, dass Ihre Kunden rundherum zufrieden sind. Sie wollen kein „schnelles" Geschäft, sondern Stammkunden.

Da der Preis bei Einzelleistungen nicht durch Rationalisierungen oder durch Nachfolgeaufträge oder große Stückzahlen reduzier bar ist, muss es zwangsläufig Auswirkungen auf die Qualität geben. Dabei kann die Qualität viele Erscheinungsformen haben, z. B.: Reduzierung der Arbeitszeit, meistens verbunden mit mangelnder Sorgfalt, Verwendung von Materialien geringerer Qualität, Entwicklung von Leistungen (Design, Text, Programme, Pflege etc.), die nur scheinbar identisch sind und deren Minderleistungen auf den ersten Blick nicht erkennbar sind, eingeschränkte Garantie- oder Serviceleistungen etc. Die Möglichkeiten zu Lasten der Qualität zu sparen sind groß.

2. Versuchen Sie zusätzliche Informationen zu erhalten. Ist es eine Firma, ist auf der Anfrage sehr wahrscheinlich die Internetadresse enthalten. Wenn Sie diese aufrufen, erhalten Sie schnell und einfach zusätzliche Informationen über das Unternehmen.

Ist es eine Person, suchen Sie im Internet nach dem Namen. Manchmal hat man Glück und erhält auch über Einzelpersonen weitere Auskünfte.

3. Betonen Sie Ihr USP. Damit entziehen Sie sich ganz oder teilweise der Vergleichbarkeit. Machen Sie mit Ihrem USP deutlich, dass Sie etwas bieten, dass andere nicht haben. Wie bereits schon mal beschrieben, wenn Sie kein USP haben, das Sie von allen anderen unterscheidet, sollten Sie **jetzt sofort** darüber nachdenken.

Das USP kann sehr unterschiedlich sein. Mein USP als Agenturinhaber war, dass ich mit meinen Kunden nie einen Beratungsvertag hatte. Mein Argument gegenüber den Kunden war: „ Wenn sie mit uns nicht zufrieden sind, können sie von heute auf morgen die Agentur wechseln. Uns zwingt das zu optimaler Leistung, weil wir sie als Kunden behalten wollen."

4. Provozieren Sie den Anfragenden zu einer Kontaktaufnahme mit Ihnen, in dem Sie im Angebot fragen, ob Interesse an einer alternative Lösung besteht? Meldet sich der Anfragende, können Sie zusätzliche Fragen stellen und haben Sie die Möglichkeit, Ihr Angebot weiter zu individualisieren und differenzieren.

Eine weitere Möglichkeit eine Nachfrage bzw. Rückfrage zu provozieren, ist der Hinweis im Angebot, dass der Preis bei Folgeaufträgen oder Erweiterungen verhandelbar ist.

5. Bieten Sie ein Informations- Beratungsgespräch an. Gelingt es Ihnen, ein derartiges Gespräch zu erhalten, gewinnen Sie zusätzliche Informationen, lernen der Auftraggeber und seine Vorstellungen kennen und können Ihre Argumentation und Ihr Angebot entsprechend ausbauen.

6. Bieten Sie überzeugende Leistungsnachweise in Form von Referenzen an. Wenn der Anfragende möglicherweise die eine oder andere Referenz kennt, weiß er, dass Sie perfekte Arbeit leisten.

7. Halten Sie sich durch eine Nachfrage in Erinnerung. Fragen Sie, ob Ihr Angebot vollständig ist und ob Sie noch irgendwelche Fragen beantworten können.

8. Das Wichtigste zuletzt. Überlegen Sie, mit welchen Aussagen, mit welchen Angeboten Sie das Vertrauen des Anfragenden gewinnen. Wenn Sie ihn überzeugen können, dass Sie das beste Preis-

Leistungsverhältnis bieten, haben Sie gewonnen. Überlegen Sie, mit welchen Argumenten sie ihn von Ihrer besseren Leistung überzeugen können. Das könnten Zusagen sein wie: „Wir verwenden für sie nur die Markenprodukte XYZ." Oder: „Bei unserer Leistung ist eine umfangreiche Einarbeitung eingeschlossen." Oder: „Zu Ihrer Sicherheit erhalten Sie einen Servicebesuch gratis" etc.

Diese Zusagen machen deutlich, dass Sie die für ihn bestmögliche Lösung wollen und dass Sie mit diesem Angebot nicht der Billigste sein können und wollen, sondern dass bei Ihnen die Zufriedenheit der Kunden an erster Stelle steht.

Fazit
Die Grundregel **AAA** (**A**nders **A**ls **A**ndere) gilt auch hier. Demonstrieren Sie durch Ihre Bereitschaft zur Individualisierung des Angebotes Ihre Bereitschaft zur optimalen Ausführung des Auftrages.

Hans-Jürgen Borchardt
April 2010